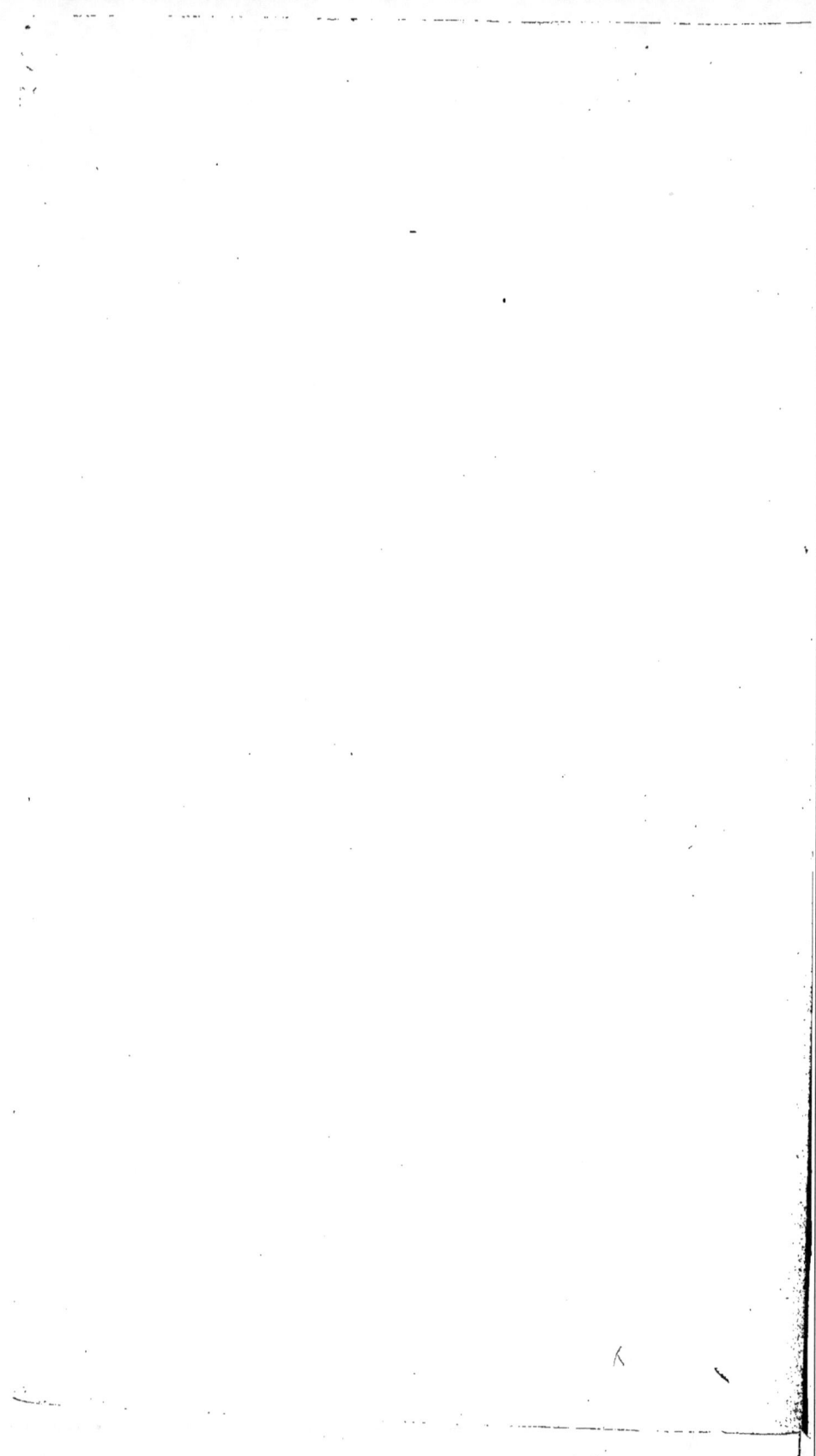

NÉCROLOGIE

❋

M. LOUIS-FRANÇOIS BELLA

ET

SES TRAVAUX

PAR

PIERRE TOCHON

Ancien Elève de Grignon,

Membre correspondant de la Société nationale d'agriculture de France,

Président de la Société centrale d'agriculture du département de la Savoie.

⚜

CHAMBÉRY

IMPRIMERIE MÉNARD, RUE JUIVERIE, HÔTEL D'ALLINGES

1882

NÉCROLOGIE

NÉCROLOGIE

M. LOUIS-FRANÇOIS BELLA

ET

SES TRAVAUX

PAR

PIERRE TOCHON

Ancien Elève de Grignon,

Membre correspondant de la Société nationale d'agriculture de France,

Président de la Société centrale d'agriculture du département de la Savoie.

CHAMBÉRY

IMPRIMERIE MÉNARD, RUE JUIVERIE, HÔTEL D'ALLINGES

1882

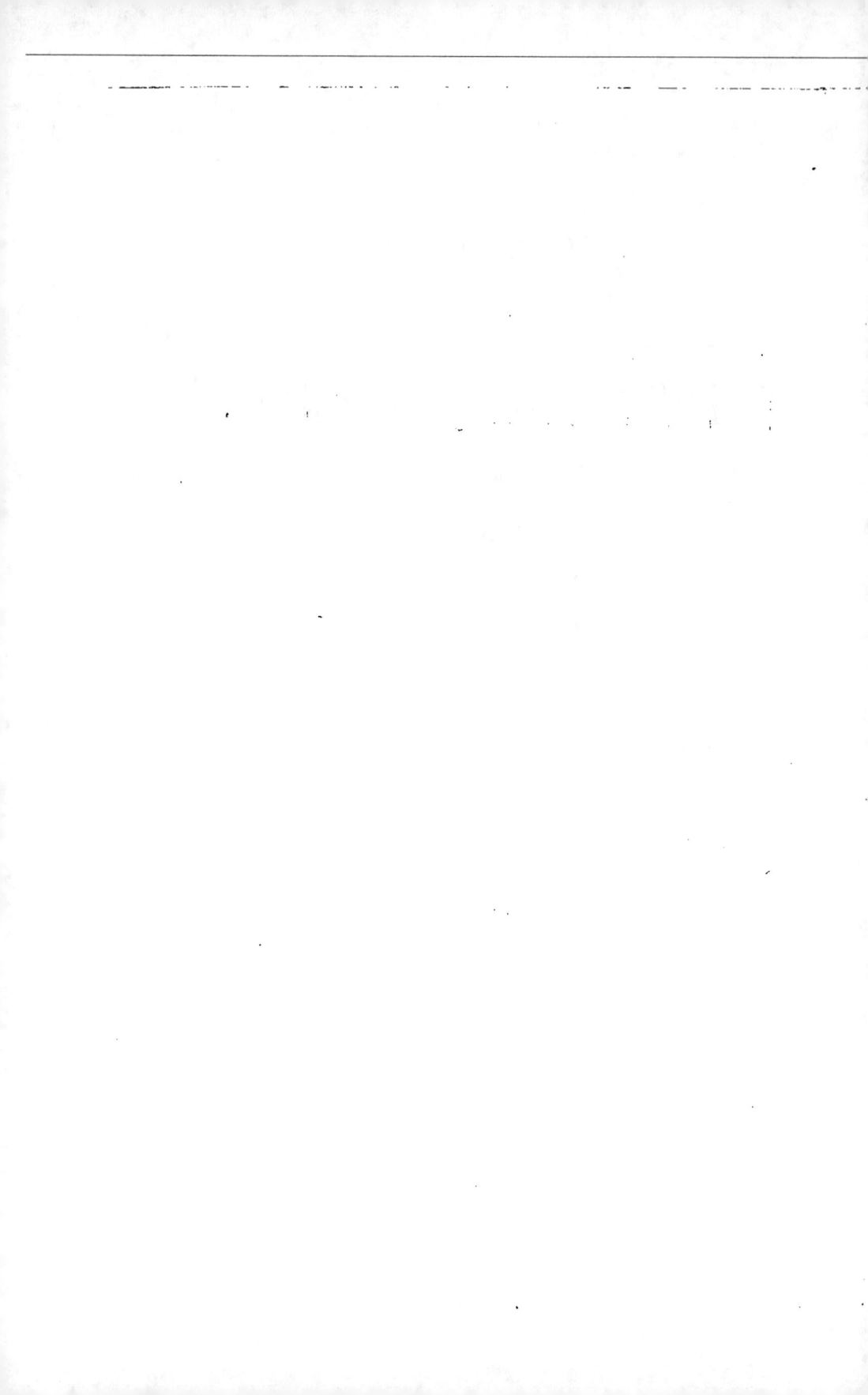

LOUIS - FRANÇOIS BELLA

ET

SES TRAVAUX

Le 6 juillet 1882, les notabilités agricoles de Paris et de Seine-et-Oise, de nombreux cultivateurs, des élèves anciens et nouveaux étaient réunis à Grignon pour donner un dernier témoignage d'estime et de reconnaissance, en l'accompagnant à sa dernière demeure, à Louis-François Bella, second directeur et fils du fondateur de la première école nationale d'agriculture, qu'une mort subite venait d'enlever à l'affection de sa famille et de ses nombreux amis. MM. Barral, Besnard, Roussille et Muret, au nom de la Société nationale d'agriculture, du Comice agricole de Seine-et-Oise et de la Société amicale des anciens élèves de Grignon, ont exprimé sur sa tombe, en termes émus, les regrets unanimes que cause la mort de cet homme de bien, de cet agriculteur, de cet agronome dont la vie entière a été vouée aux intérêts agricoles.

Si l'un de ses plus anciens élèves, son confident et son ami, prend aujourd'hui la plume pour parler des œuvres de François Bella, c'est qu'il estime qu'une existence aussi bien remplie mérite de servir d'exemple à ceux qui, comme lui, se vouent à la carrière agricole ; c'est que la considération et les honneurs qu'il a obtenus, récompenses d'une existence si bien remplie, doivent servir d'encouragement à ceux que les exigences du séjour à la campagne effraient ; à ceux qui oublient que si l'agriculture ne donne pas une fortune rapide, elle assure à celui qui s'y livre l'aisance, le bonheur en famille et une grande indépendance, faveurs dont on jouit rarement dans les autres carrières.

La famille Bella est originaire du Piémont, où la branche aînée, issue du baron Bella, réside encore.

Jean-Baptiste Bella, chef de la branche cadette, avait été nommé, vers le milieu du XVIIe siècle, directeur des Gabelles en Savoie, avec résidence à Chambéry ; il s'y maria, et, de sa nombreuse famille, une fille, mariée à M. Menabrea, a été l'aïeule maternelle du général comte Menabrea, ambassadeur du roi d'Italie à Londres, et l'un de ses fils, portant le même prénom que lui, envoyé en Alsace pour y acheter des tabacs, résidant à Strasbourg, s'y établit ; ce fut là que, le 10 octobre 1777, naquit Auguste Bella, fondateur de Grignon.

Bien que les nombreux représentants de la famille Bella se fussent dispersés sur divers points de la France et de l'étranger, le siége de leur domicile était resté à Chambéry ; Auguste Bella y passa sa première jeunesse ; ce fut dans cette ville qu'il s'engagea dans les armées de la République, et que, le 9 juillet 1810, déjà officier supérieur, il épousa Mlle Caroline Masset-Clerc ; ce fut dans sa propriété de Lémenc que, lieutenant-colonel d'état-major, officier de la Légion d'honneur, chevalier de l'empire, il vint se reposer de la part glorieuse qu'il avait prise aux guerres du premier empire ; dans ce petit domaine, il fit ses premiers essais agricoles ; il y connut Polonceau, alors ingénieur en chef du département du Mont-Blanc, qui devait plus tard lui inspirer l'idée et lui faciliter les moyens de créer l'école d'agriculture de Grignon.

Louis-François Bella naquit à Chambéry le 24 avril 1812, il y passa les premières années de son enfance ; mais ce fut à Phalsbourg, où des tracasseries politiques avaient obligé sa famille à transporter son domicile, puis à Fontenay-aux-Roses, qu'il fit ses études.

Le séjour de François Bella dans les exploitations successivement dirigées par son père en Savoie, dans la Meurthe et en dernier lieu à Grignon, avait déterminé chez lui un goût prononcé pour l'agriculture.

Aussi, après avoir pris ses grades universitaires, entra-t-il en 1830 à l'Institut agronomique.

Les annales de Grignon nous apprennent qu'à cette époque, trois professeurs seulement étaient attachés à l'Ecole pour y faire des cours théoriques ; l'instruction que l'on y puisait était tout-à-fait insuffisante pour un homme qui se destinait au professorat ; aussi, après deux ans de séjour à Grignon, François Bella crut devoir se présenter à l'Ecole centrale des Arts-et-Manufactures, afin d'étudier d'une manière plus complète les sciences qui se rattachent à l'industrie agricole.

Muni du diplôme d'ingénieur, il recommença ses études favorites, et après un séjour aux Bergeries de Sénard où il suivit le cours de sériciculture et étudia les éducations de vers à soie de Camille Beauvais, il rentra à Grignon pour y préparer les examens qui devaient, le 14 avril 1836, le faire diplômer élève de Grignon.

Après des études aussi sérieuses, après un séjour prolongé auprès de son père, dont il avai suivi pas à pas les démonstrations agricoles théoriques et pratiques, François Bella semblait suffisamment préparé à suivre la carrière du professorat agricole à laquelle il se destinait ; Auguste Bella en décida autrement : son long séjour à l'étranger lui avait appris que si la France occupait en ce moment un rang distingué dans les sciences et les

arts, son agriculture, trop longtemps soumise au régime de la féodalité et aux charges qui en étaient
la conséquence, avait été de beaucoup devancée par
les autres peuples du continent européen et des îles
britanniques ; il conseillat donc à son fils un voyage
agricole, et c'est dans les pays où une législation
plus libérale du régime foncier avait prévalu, qu'il
l'envoya chercher des maitres à écouter, des exem-
ples d'une pratique raisonnée et des modèles à
suivre.

Ce voyage, qu'Auguste Bella fit entreprendre à
son fils, de mai 1836 à fin 1837, il nous le conseilla
à nous-même sept ans plus tard, comme il le con-
seillait à tous ses élèves diplômés au moment de se
séparer d'eux.

Pour nous qui avons suivi les conseils du maitre,
nous n'hésitons pas à dire qu'un voyage est le com-
plétement indispensable d'une éducation agricole
bien entendue.

Il est en effet incontestable, qu'au sortir de l'Ecole,
un élève ayant fait plus de théorie que de pratique,
se trouve sous l'impression d'une foule d'illusions ;
rien ne lui semble impossible, et s'il entre immédiatement en exploitation, il s'apercevra bien vite que
le sol ne se prête pas toujours aux combinaisons les
mieux étudiées, qu'il faut trop souvent compter
avec l'imprévu et que bien des échecs sont la conséquence de l'application de savantes théories qui
ne se sont pas suffisamment appuyées sur la pratique.

Un voyage agricole est le correctif du manque d'équilibre entre la théorie et la pratique ; la visite raisonnée d'une exploitation est une étude pratique continue où l'on apprend en un jour ce qu'une année de culture vous eût à peine révélé ; en constatant les faits agricoles qui découlent de ces visites, on les voit tels qu'ils sont, sans illusion, n'ayant aucun intérêt à les considérer sous un autre aspect.

C'est en passant de la Suisse et de la Belgique, où domine la petite culture, à l'Allemagne, où l'on rencontre la moyenne culture, puis en Angleterre, où règne en maitre la grande culture, que l'on peut se rendre compte des nécessités agricoles et économiques qui découlent de chacun de ces systèmes d'exploitation.

Il suffira d'un an d'exploration dans les régions dont nous venons de parler pour initier un jeune homme sorti de nos écoles aux meilleures pratiques agricoles adoptées, pour étudier les instruments qu'on utilise et pour apprendre à distinguer les races d'animaux les plus en renom, leur mode de nourriture, d'élevage, et les spécialités auxquelles on les destine.

Faire voyager un jeune élève au sortir de l'école, c'est le forcer à développer l'esprit d'observation qui lui fait trop souvent défaut, c'est l'habituer à apprécier les faits qui se déroulent sous ses yeux, à en tirer d'utiles conséquences ; c'est le mettre à même de modifier ses vues, ses préjugés, ses théories trop absolues ; c'est, en un mot, mûrir son esprit pour en faire un chef d'exploitation digne de ce nom.

Cette trop longue digression nous amène à constater les utiles enseignements que dut recueillir François Bella d'un voyage entrepris dans d'aussi favorables conditions que celles qui présidèrent à son départ, car, déjà à cette époque, le nom du fondateur de Grignon était très-répandu à l'étranger ; ses élèves commençaient à être avantageusement connus, et les lettres de recommandation dont il était pourvu lui assuraient un bon accueil partout où il se présenterait. François Bella avait un autre avantage : il connaissait à fond la langue des pays qu'il devait visiter, et l'on sait combien les Allemands et les Anglais sont favorablement disposés pour ceux qui ne les obligent pas à emprunter une langue étrangère pour leur répondre.

François Bella commença ses excursions par le Midi de la France, qu'il ne connaissait pas ; il se rendit de là en Savoie, où l'attiraient d'agréables souvenirs de famille ; puis il parcourut la Suisse, le Wurtemberg, la Bavière, l'Autriche, la Saxe et la Prusse, s'arrêtant et prolongeant son séjour dans les fabriques d'instruments d'agriculture et surtout dans les écoles agricoles, qui, déjà alors, existaient à Berne, à Stuttgardt et à Meglin, en Prusse, où le célèbre Thaer, qui avait été le professeur d'Auguste Bella, retint longtemps son fils.

Après avoir visité la Hollande, François Bella arriva en Angleterre ; il y prolongea son séjour, afin de s'initier aux remarquables progrès agricoles réalisés dans les trois Royaumes-Unis.

De retour sur le continent, notre voyageur se rendit en Belgique ; il termina son excursion par une visite à l'école et à la fabrique que dirigeait, près de Nancy, M. de Dombasle, fondateur de l'Ecole d'agriculture de Roville.

Pendant ce long voyage d'instruction, François Bella avait beaucoup vu et beaucoup appris ; il s'était trouvé en relations avec les agronomes les plus distingués du continent, avec les éleveurs et les agriculteurs en renom des Iles-Britanniques. Il en rapportait un grand nombre de notes dont il devait plus tard faire profiter ses élèves.

Ce voyage devait avoir de plus sérieuses conséquences pour le futur directeur de Grignon : il avait appris à analyser les faits, à concentrer ses idées, à les exposer avec clarté, qualités indispensables au professorat. Enfin, ses relations de voyage et ses longues correspondances avec son père, dans lesquelles il résumait ses impressions, l'avaient préparé à prendre rang parmi les écrivains agricoles.

Lorsque, vers la fin de 1837, François Bella revint à Grignon, le directeur de l'Ecole royale agronomique était âgé de 60 ans. Les rudes épreuves de sa première jeunesse, les fatigues des grandes guerres de la République et de l'Empire, auxquelles il avait pris une part glorieuse, les embarras et les tracas inhérents à une entreprise aussi considérable que celle à laquelle il s'était voué avaient usé sa robuste constitution, et, s'il n'avait rien perdu de sa virile énergie, il éprouvait par moments des lassitudes qui l'obligeaient au repos ; son fils arrivait donc à point pour le seconder ; aussi, dès le 15 janvier 1838, fut-il nommé inspecteur des travaux, titre correspondant à celui de sous-directeur de l'exploitation.

La part importante que François Bella prit, dès ce moment, à l'œuvre de son père nous amène forcément à résumer les conditions dans lesquelles devait se mouvoir la Société agronomique de Grignon pour remplir les obligations qui lui avaient été imposées ; nous le ferons aussi brièvement que possible.

A l'instigation du duc de Doudeauville, Charles X avait acheté le domaine de Grignon, d'une contenance de 468 hectares, qui, d'après Auguste Bella, répondait le mieux aux exigences d'une école d'agriculture théorique et pratique.

Pour seconder les vues du roi, une société se forma dans l'entourage de la cour sous le nom de *Société royale agronomique* ; ce fut à elle que le ministre de la maison du roi passa un bail de 40 ans, en la chargeant, à titre de fermage, d'organiser l'enseignement scientifique et pratique de l'agriculture, de remplacer le propriétaire dans toutes les dépenses à sa charge, d'exécuter pour 300,000 francs de travaux en dehors des améliorations foncières, de régénérer les bois, enfin d'appliquer sur le domaine une agriculture perfectionnée et instructive.

Auguste Bella, nommé directeur de l'établissement agronomique, avait évalué à 600,000 francs les fonds nécessaires pour mettre en œuvre et exécuter les conditions imposées aux fermiers de Grignon.

Deux émissions de 300,000 francs d'obligations de 1,200 francs devaient fournir ce capital.

La première émission, opérée en 1827, fut immédiatement couverte par les fondateurs de la société ; mais lorsqu'après 1830, l'organisation de l'enseignement et le complément des avances à faire aux cultures nécessita l'émission de nouvelles actions, on ne put les réaliser, bien que Louis-Philippe se fût inscrit en tête de cette émission.

Dans des conjonctures aussi difficiles, Auguste Bella ne se découragea pas, car il avait foi dans l'avenir de son œuvre, et comme le moment était venu d'organiser l'enseignement et qu'il fallait des fonds pour le faire, il n'hésita pas de proposer au conseil d'administration de la société de suspendre momentanément le service des intérêts de la première émission ; ce fut avec ces faibles ressources qu'il fit face à la situation, sans retarder d'un jour l'exécution des conditions imposées à la société.

Dans les premiers projets du fondateur de Grignon, on devait créer, comme cela existait déjà, à ce moment, à Hoheinheim, en Wurtemberg, deux écoles où l'instruction aurait été donnée à différents degrés. L'une d'elles eût été appelée à former des maîtres-valets, des chefs de main-d'œuvre ; l'autre, des professeurs, des agronomes, des directeurs, des régisseurs de grandes exploitations.

Bien que le programme des études et des conditions d'admission de la première de ces écoles eût été publié en 1828, elle ne fut jamais organisée, parce que, d'une part, on manquait de local pour son installation, et que, d'un autre côté, le personnel nécessaire faisait, à ce moment, absolument défaut.

Le programme de la haute école d'agriculture fut rédigé et publié en 1829 ; mais les rares élèves que l'on avait admis à Grignon, dès le début, ne suivirent pas des cours réguliers : ils durent se contenter des conférences qui leur étaient faites sur le terrain par M. Bella, par le jardinier en chef ; des notions de sylviculture données par le garde chef des forêts, et de quelques renseignements fournis par le vétérinaire.

Les cours de l'Institut royal agronomique ne furent régulièrement organisés qu'à partir de 1830 ; le nombre des professeurs, d'abord de trois, fut successivement porté à six, à mesure que l'installation de l'école permit d'admettre un plus grand nombre d'élèves qu'on n'avait pu le faire au début.

La pratique agricole, érigée en cours, fut donnée à François Bella le 14 mai 1838 ; on le chargea, à la même époque, du cours de constructions rurales.

Nul mieux que l'ancien élève de l'Ecole centrale, que le sous-directeur des Cultures de Grignon, qui organisait à ce moment une fabrique d'instruments d'agriculture, n'était à même d'ériger les deux cours en préceptes, de formuler la théorie des labours, d'indiquer le parti que l'on devait tirer des instruments perfectionnés, pour donner à la terre le plus de façons possible, sans charger la culture de trop de frais de main-d'œuvre.

Les leçons reçues dans les cours étaient suivies d'applications pratiques sur les champs : c'était la charrue à la main que le professeur faisait connaître les fonctions de chacune de ses parties, la nécessité de telle ou telle forme pour retourner la terre dans les meilleures conditions, en ménageant les efforts de traction des animaux. C'était en appelant chaque élève à conduire les instruments nouveaux qu'il démontrait l'utilité de leur adoption.

Le cours de construction rurale avait aussi une utilité incontestable pour des jeunes gens qui, rentrés sur leurs domaines ou appelés à régir de grandes propriétés, auraient à dresser les plans, les devis de constructions rurales, à installer des granges, des fenils, des magasins, des écuries, des étables, des bergeries, des porcheries, des aires à fumier, des fosses à purin dans les meilleures conditions possibles, pour en faciliter le service et les placer dans de bonnes conditions hygiéniques.

Si François Bella sut donner de l'intérêt et appeler l'attention de ses élèves sur ces deux cours, ainsi que sur ceux qu'il fut plus tard appelé à professer, c'est qu'il apportait le plus grand soin à leur préparation et à leur rédaction.

Cette déférence d'un jeune professeur de 26 ans pour ses élèves l'avait fait bien accueillir ; François Bella avait, du reste, une physionomie sympathique, une élocution facile, des manières distinguées ; il rapportait de ses voyages un caractère sérieux, un peu de raideur dans ses rapports avec ses subordonnés et une espèce de timidité qui l'empêchaient souvent de faire connaître l'étendue de ses connaissances et les excellentes qualités de son cœur.

Naturellement affectueux, François Bella aimait avec passion sa famille ; il avait pour son père et pour ses œuvres un respect, une déférence qui ne se sont jamais démentis. Excellent ami, toujours disposé à rendre service, il était reconnaissant à l'excès de ceux qu'on lui rendait.

Les attaques injustes dont la direction de Grignon a été l'objet, les tracasseries, les chagrins personnels n'ont en rien modifié cet excellent caractère, et, jusqu'à la fin de sa vie, il est resté dévoué à l'œuvre d'Auguste Bella, le meilleur des pères de famille et le plus dévoué des amis.

Les fonctions de sous-directeur de Grignon, dont

François Bella avait été investi en 1838, étaient loin d'être une sinécure dans une exploitation de près de 500 hectares.

Chargé de suppléer le directeur dans tous les travaux extérieurs, ainsi que dans ceux intérieurs qui réclamaient un déplacement, François Bella devait se lever tôt, dans toutes les saisons de l'année ; à cheval de grand matin, il s'assurait que les divers ateliers d'attelage et de main-d'œuvre fonctionnaient régulièrement, et qu'aucun des nombreux services de l'exploitation n'était en souffrance.

Malgré cette inspection de chaque jour, dont il rendait compte au directeur, malgré les soins que réclamait la préparation de ses cours, François Bella trouvait encore le temps d'écrire des articles sur l'exploitation de Grignon ou sur des questions d'actualité touchant l'économie agricole.

Son premier article, paru dans les *Annales* de 1839, a trait à la comptabilité agricole et à l'époque la plus convenable pour faire un inventaire annuel.

Ce travail, qui prenait ses applications dans la comptabilité de l'Institut agronomique, donne les bases et motive l'ouverture de divers comptes ouverts à chaque espèce de culture et à chaque espèce d'animaux.

François Bella, en publiant ce travail, répondait à des critiques qui, dès cette époque, s'élevaient sur la comptabilité de l'Ecole ; on la trouvait trop compliquée pour recevoir une application dans des exploitations d'une moindre importance que Gri-gnon ; nous aurons à revenir sur ces critiques, qui s'accentuèrent plus tard en s'attaquant surtout au compte d'engrais en terre.

Un second article, beaucoup plus étendu que le premier, dans lequel se révèle le futur professeur d'économie agricole, parut dans la 8° livraison des *Annales* de Grignon.

Ce travail, inspiré à François Bella par une modification importante apportée en 1837 à l'assiette de l'impôt sur les sucres, modification qui causa la ruine d'un grand nombre de fabriques, présente assez d'intérêt pour que nous en donnions une courte analyse.

Après la chute du premier empire, les rares colonies que nous avions conservées avaient vu leur industrie sucrière anéantie par les guerres de l'empire avec l'Angleterre. On voulait porter remède à cet état de choses, tout en conservant les fabriques de sucre de betterave auxquelles le régime conti-nental avait donné naissance.

Afin d'atteindre ce double but, on créa, en faveur de cette production, un régime protectionniste qui ressemblait à un monopole. Le droit d'entrée du sucre des colonies fut réduit à 49 fr. par 100 k.; on n'imposa aucune charge au sucre de betterave, et, tandis que les sucres de provenances étrangères payaient 104 fr. par 100 k. de droit de douane à **leur entrée en France, on favorisait l'exportation** de nos raffinés en leur accordant une prime de 120 fr.

Des conditions aussi favorables eurent pour ré·sultat de faire ouvrir un grand nombre de fabriques nouvelles, qui élevèrent la production annuelle du sucre de 50,000,000 de k. à 80,000,000; mais bientôt la production, marchant plus vite que la consommation et manquant d'écoulement à l'étranger, l'avilissement du prix du sucre fut suivi d'une crise qui aurait amené de nouveau la ruine de nos colonies si l'on n'y eût promptement porté remède.

On crut remédier à cet état de choses en diminuant de 15 fr. p. 100 kil. l'entrée du sucre brut de nos colonies, en même temps que l'on imposait de la même somme les sucres de betterave; cette différence de 30 fr. entre les sucres des deux provenances rendit leur activité aux fabriques des colonies, tandis qu'un grand nombre de celles du continent durent cesser de travailler.

Le but du remarquable travail de François Bella était de faire ressortir l'intérêt qu'a l'agriculture à la prospérité des industries qui s'y rattachent et de rechercher les moyens de faire cesser l'antagonisme qui divisait les producteurs de la même patrie.

La chaire de professeur de principes raisonnés d'agriculture et d'économie rurale étant devenue vacante, François Bella en fut nommé titulaire le 5 novembre 1840. — A en juger par les nombreux cahiers d'études rédigés dès 1837 sur les matières

qui devaient faire l'objet de ce cours, on serait dis·
posé à croire que l'obtention de cette chaire, la plus
importante de l'Ecole, avait dû faire de bonne
heure l'objet de son ambition.

François Bella était un admirateur des œuvres de
son père: peut-être, en recherchant ce professorat,
avait-il en vue de mettre en relief les principes
économiques sur lesquels le fondateur de Grignon étayait son système de culture.

On sait que tandis que Mathieu de Dombasle
fondait la culture appliquée à Roville sur la réduction du capital au strict nécessaire, Auguste Bella
demandait à la société qui lui avait confié la direction de Grignon 1,000 fr. par hectare cultivé, re·
présentés par le bétail, le mobilier mort, les den-
rées, grains et fourrages en magasin, les avances
aux cultures, le capital de roulement et le capital
de réserve.

L'expérience a donné raison au système préconisé
par Auguste Bella, système que bien des gens consi-
déraient comme une utopie, et lorsqu'après 40 ans
d'exploitation, son fils, continuateur de son œuvre,
est arrivé à clore d'une manière satisfaisante le
compte de liquidation de la Société agronomique
de Grignon, on dut reconnaitre le bien-fondé des
prévisions du maitre.

La variété des connaissances du professeur d'é-
conomie agricole de Grignon s'affirma de nouveau,
pendant l'année suivante, par un grand nombre de

publications pleines d'intérêt et d'utilité, dont nous regrettons de ne pouvoir indiquer que les titres :

Météorologie de l'année 1842 : influence du vent sur la végétation. — Étude sur les semoirs : les semis en lignes. — Emploi du nitrate de soude comme engrais. — Des engrais et amendements. — Statistiques agricoles. — Manuel du laboureur. — Maladie des pommes de terre. — Étude de la question des chevaux. — Usage des moyeux en fonte pour la construction des roues. — Les bestiaux anglais et leur production. — Races laitières d'Ayr et de Schwitz. — Production de la laine. — L'agriculture des Vosges. — Des terres fortes et des terres légères. — Engrais normal chimique : culture du colza, du pavot, de l'ulluco ; culture du maïs. — De la jachère. — Des baux à ferme. — Fermes-écoles. — Des climats et des régions agricoles.

A mesure que François Bella s'éloigne de son point de départ, ce sont les questions d'économie agricole qui sont l'objet de ses préoccupations, et, en peu de temps, on le voit porter ses recherches sur les meilleurs moyens d'utiliser les biens communaux ; sur l'agronomométrie ; sur la mesure des richesses ; sur la protection et le libre échange ; sur les capitaux engagés dans l'industrie agricole ; sur l'un de ces capitaux, l'engrais en terre.

Ce dernier article, rédigé avec beaucoup de soin, avait été écrit pour répondre aux critiques dirigées contre l'admission dans la comptabilité de l'exploitation de Grignon du capital engrais en terre.

Les opposants à ce système reconnaissaient volontiers que l'engrais confié à la terre ne profite pas à la seule culture qui le reçoit, qu'il se répartit et profite à l'ensemble des récoltes d'une rotation ; mais ils se demandaient comment, arrivé à fin de bail, on récupérerait un capital qui par sa nature n'a pas la mobilité des autres capitaux d'exploitation, et si forcément on ne serait pas amené à multiplier les cultures épuisantes pendant les dernières années du bail, en ramenant des terres améliorées à leur point de départ.

François Bella, après avoir répondu victorieusement à ces objections dans l'article précité, a mis en évidence, lors de la liquidation de la Société agronomique de Grignon, qu'en utilisant à propos le capital de réserve qu'on avait constitué dès le début de l'entreprise et en usant avec beaucoup de modération de la faculté laissée au fermier de remettre les terres dans l'état où il les avait trouvées, on était arrivé à recouvrer l'intégralité du capital-engrais sans compromettre l'état d'amélioration où l'on avait amené les terres de l'exploitation.

François Bella avait rapporté de ses voyages une haute idée des animaux domestiques de la Grande-Bretagne ; les qualités de quelques races de moutons qu'il avait vu élever au pâturage en Angleterre le décidèrent à introduire à Grignon des southdown, jusqu'alors peu connus en France, qu'il voulait croiser avec les mérinos ; puis des dishley-mérinos.

Ces essais ne répondirent pas à l'attente de leur inspirateur, et l'on ne tarda pas à reconnaître que, pour réussir dans les éducations en plein air, il fallait opérer dans un climat plus doux, plus uniforme et surtout moins humide que celui de Grignon.

François Bella fut plus heureux dans les améliorations qu'il introduisit dans la fabrique d'instruments d'agriculture ; placée sous sa direction, elle prit un grand développement, et les instruments qu'on y fabriquait, surtout les charrues, avaient acquis une réputation méritée.

L'état de santé d'Auguste Bella, qui lui permettait rarement de quitter son bureau, avait amené son fils à s'occuper de plus en plus de l'exploitation et de l'école.

L'exploitation, basée sur une rotation fixe, ayant un assolement régulier qui, pendant quarante ans, a suivi une marche uniforme, ne demandait qu'une inspection journalière, une surveillance de chaque heure rendue facile par l'ancienneté des chefs de service.

Il n'en était pas de même de l'Ecole, qui, jusqu'en 1848, placée sous la direction et sous la responsabilité exclusive de la Société agronomique de Grignon, obligeait son directeur à faire face aux exigences d'élèves mieux préparés à suivre les cours que par le passé.

François Bella, auquel de solides études avaient fait apprécier les nécessités scientifiques de la carrière agricole, et qui savait que la science qui n'est pas basée sur la pratique conduit infailliblement à des mécomptes, eût désiré répondre à l'accroissement du nombre des élèves en élevant le niveau de l'instruction agricole ; il en était empêché par les nécessités budgétaires de la Société, dont les comptes de l'Ecole se soldaient toujours en perte.

Pour suppléer à cet état de choses, le sous-directeur de l'exploitation faisait trois fois par semaine, le plus souvent sur le terrain, de longues conférences auxquelles tous les élèves prenaient un vif intérêt. Ces conférences formaient le complément du cours qu'il professait, en démontrant les applications que l'on pouvait en faire et que l'on faisait sous leurs yeux sur le domaine de Grignon.

Lorsqu'en février 1848 éclata la Révolution qui renversa la branche cadette des Bourbons, les nombreux élèves sortis de l'Ecole d'agriculture de Grignon, répandus en France et à l'étranger, avaient affirmé le mérite de l'Ecole, la rentrée de 1847 s'était élevée à 54 élèves ; celle de 1848 à 53. Tout semblait donc marcher à souhait, lorsque les Chambres, réunies après la proclamation de la République, votèrent la création, dans l'une des dépendances du château de Versailles, d'une haute école d'agriculture qui prendrait le nom d'Institut national ; les professeurs devaient obtenir les chaires au concours.

Cette détermination reléguait Grignon au rang d'*Ecole régionale d'agriculture* ; l'Etat en prenait la direction.

François Bella n'hésita pas à se présenter pour le cours d'économie sociale et agricole, qu'il professait depuis sept ans à Grignon ; s'il ne réussit pas dans la lutte qu'il eut à soutenir contre Léonce de Lavergne, alors en possession de tout son talent, son brillant examen le fit nommer directeur des études de l'Ecole régionale de Grignon, lorsqu'en 1850, l'état de santé de son père l'obligea à se retirer.

La création de l'Institut national de Versailles, qui, à peine à ses débuts, disparut avec la proclamation de l'Empire, en plaçant l'Ecole d'agriculture de Grignon dans les attributions du ministre de l'agriculture, permit à François Bella, devenu son directeur, de donner plus de développement que par le passé aux cours professés ; les six professeurs titulaires furent secondés par autant de répétiteurs. Des conférenciers pris en dehors de l'Ecole furent chargés d'enseigner aux élèves les spécialités agricoles qui ne figuraient pas au programme ; enfin, on agrandit le champ d'expérience réservé aux élèves.

François Bella, qui faisait partie de la Société royale de Bavière depuis 1838, fut nommé membre de celle de Seine-et-Oise, en 1850. Peu après cette dernière élection, en juin 1851, il fut nommé rapporteur d'une commission envoyée en Angleterre par le comice de ce même département pour en étudier la culture.

Au retour de cette mission, il publia un rapport ne formant pas moins d'un volume d'impression, qui mit en relief le talent d'écrivain et l'étendue des connaissances agricoles du nouveau directeur de Grignon.

Portant ses investigations sur toutes les branches de l'industrie agricole anglaise qui pouvaient intéresser nos cultivateurs, sachant faire ressortir à propos ce qui distingue l'agriculture anglaise de la nôtre, François Bella a su donner un réel intérêt à l'exposé clair et précis de ce voyage.

Les constructions des exploitations, le sol, les instruments, les procédés de culture, les produits, les races d'animaux domestiques, leur habitat, le mode d'élevage, la variété de leur alimentation, le service qu'on leur demande, le parti que l'on sait en tirer, tout est étudié avec un ordre et une méthode qui ne laissent rien à désirer.

Nous n'hésitons pas à dire que ce travail, qui lui fit le plus grand honneur, est la plus magistrale de ses œuvres.

Bien que l'organisation des écoles régionales d'agriculture eût imposé à toutes le même règlement, la position de Grignon à la porte de Paris, le nombre toujours croissant d'élèves qui s'y présentaient pour soutenir son ancienne réputation, les visiteurs qui s'y rendaient ne tardèrent pas à décider le ministre de l'agriculture à céder aux sollicitations de son directeur pour y installer de nouveaux services et améliorer ceux existants. C'est grâce à ce concours de circonstances que l'on fit construire à Grignon un laboratoire de chimie où tous les élèves devaient s'exercer aux manipulations et aux analyses des engrais, des terres et des plantes.

Plus tard, on fit donner aux élèves des leçons d'équitation, on agrandit le musée, la bibliothèque ; on créa, avec le concours des professeurs, des collections de plantes agricoles et forestières ; on réunit une collection de graines aussi nombreuse que variée ; les instruments perfectionnés mis sous les yeux des élèves furent augmentés ; enfin les races d'animaux réunies dans les étables, dans la porcherie et dans la bergerie perdit de son uniformité primitive, pour se prêter davantage à l'instruction des élèves.

Pendant que le directeur de Grignon faisait de louables efforts pour élargir les bases de l'instruction théorique et pratique donnée à Grignon, il ne perdait pas de vue le bien-être de ses élèves. C'est grâce à ses inspirations qu'une bibliothèque et une salle de réunion furent mises à leur disposition et que chaque dimanche Mme Bella leur ouvrait ses salons.

C'est pour utiliser agréablement et utilement les jours de vacances que chaque professeur faisait faire aux élèves des courses aux grands marchés de Poissy et de Sceaux, dans les forêts, dans les exploitations les plus remarquables, dans les étables renommées par leurs reproducteurs, puis dans les usines et dans les fabriques qui se rattachent à l'agriculture. François Bella prenait part à ces excursions, lorsqu'elles devaient tenir les élèves pendant quelques jours éloignés de l'école et toutes les fois que ses nombreuses occupations lui permettaient de s'absenter.

On ne s'étonnera plus, après les détails que nous venons de donner sur les occupations variées des élèves admis à Grignon, de la faveur dont cet établissement a constamment joui : tous les jeunes gens voulaient y entrer, tandis que les autres écoles régionales recevaient peu d'élèves.

Si Auguste Bella, à bout de forces, dut se résigner en 1850, à abandonner la direction de Grignon, il ne cessa pas un instant de s'intéresser et d'applaudir aux succès croissants de l'école et de l'exploitation.

Entouré des soins affectueux de sa femme, de ses enfants et de ses petits-enfants, aimé et respecté des professeurs et des élèves de l'école, vénéré de ses anciens employés et des agriculteurs du voisinage, il vivait dans le bien-être que procure une longue carrière vouée tout entière à son pays, et lorsque, le 30 avril 1856, la mort vint mettre un terme à une existence si bien remplie, il lui avait été donné de voir son œuvre arrivée, sous le patronage de son fils, à l'apogée de sa prospérité.

La mort du fondateur de Grignon laissa un grand

vide dans le cœur et dans l'existence de François Bella ; son père était pour lui un ami et un conseiller sûr et expérimenté ; journellement il avait recours à ses lumières : elles allaient lui manquer et dorénavant il devait assumer seul la responsabilité de sa double direction.

Auguste Bella était membre de la Société nationale d'agriculture de France ; son fils fut appelé à l'y remplacer dans la section de grande culture. Nous verrons la part qu'il prit aux travaux de cette illustre société.

Ce fut aussi en 1856 que M. Bella reçut la croix de chevalier de la Légion d'honneur, légitime récompense de ses travaux ; il fut promu officier en 1863.

Le ministre de l'agriculture avait souvent recours aux lumières du second directeur de Grignon ; chaque année, il lui confiait quelques missions ; il faisait habituellement partie de l'un des jurys de la prime d'honneur, des concours du Palais de l'Industrie ; il en fut plusieurs fois nommé rapporteur, et sa compétence en zootechnie l'avait fait choisir pour membre du jury dans la sectiou des animaux vivants à l'Exposition universelle de 1857.

Longtemps avant l'époque de sa vie où nous sommes arrivés, de nombreuses sociétés d'agriculture nationales et étrangères avaient tenu à honneur de le compter parmi leurs membres ; il faisait partie de celles de Saint-Quentin et de Chambéry ; la

Société d'encouragement de Londres lui avait confié la vice-présidence d'honneur ; l'Institut des Arts-Unis, de la même ville, a inscrit son nom, en 1856, parmi ses correspondants.

Il était membre de l'Académie agricole de Florence, de celles de Danemark, de Prague, de Russie, de la République argentine ; il fut appelé plus tard à la Société d'encouragement à l'agriculture, à la présidence de la Société de zootechnie de Seine-et-Oise, au conseil de la Société des agriculteurs de France et au bureau de la Société nationale d'agriculture.

Disons, pour terminer cette longue liste de titres honorifiques conférés à François Bella, en reconnaissance des services rendus à l'agriculture, qu'il était officier des ordres de Saint-Sauveur de Grèce et des SS. Maurice et Lazare d'Italie.

En 1855, Grignon avait déjà formé un grand nombre d'élèves établis en France et à l'étranger. Plusieurs d'entre eux occupaient des positions élevées au ministère de l'agriculture ; quelques-uns dirigeaient avec éclat des publications agricoles ; d'autres avaient pris la direction des domaines de leur famille ; le plus grand nombre s'était chargé de la régie de grandes exploitations ; un petit contingent avait changé de carrière.

Il existait entre tous ces élèves des liens d'amitié, des souvenirs d'école ayant rarement l'occasion de s'affirmer.

Les deux directeurs de Grignon, qui n'avaient jamais cessé de s'intéresser à leurs élèves, pour les aider ou encourager leurs succès, correspondaient avec beaucoup d'entre eux ; mais leur nombre allant toujours en s'augmentant, il était difficile de ne pas en perdre quelques-uns de vue.

Ce fut donc pour établir un lien commun entre tous les *Grignonais* que l'on créa l'Association amicale des anciens Elèves de Grignon.

Cette excellente pensée, née en 1855, et dont François Bella fut l'un des initiateurs et des propagateurs des plus ardents, nécessita de longs tâtonnements pour réunir des renseignements sur l'adresse et la position de tous les élèves, et recueillir assez d'adhérents pour voter les statuts de l'association.

Ces statuts ne règlent pas seulement les obligations des sociétaires entre eux, ils prévoient le cas où des secours peuvent être donnés à d'anciens élèves sans emploi ou se trouvant dans une position difficile.

L'Association amicale des anciens Elèves de Grignon, qui compte aujourd'hui un grand nombre de sociétaires, publie, depuis 1859, un Bulletin annuel où l'on inscrit avec soin les distinctions honorifiques méritées, les travaux accomplis, les publications mises au jour par les élèves. — Les réunions annuelles cimentent les amitiés qui ont pris naissance à l'école et établit un trait d'union entre les anciens et les nouveaux élèves.

François Bella n'a jamais cessé de faire partie du

conseil d'administration de la société et de son bureau, dont il a souvent occupé la présidence et la vice-présidence.

Si tous les sociétaires ne pouvaient assister aux réunions annuelles de Paris, tous recevaient le Bulletin. François Bella s'occupait de cette publication et les nombreux articles dus à sa plume que l'on y trouve, depuis le moment où l'extension donnée au Bulletin permit de les insérer, témoignent des efforts qu'il faisait pour lui donner de l'intérêt.

Ces communications, très-variées dans leur ensemble, avaient surtout pour objet de rappeler les services rendus à l'agriculture par d'anciens élèves ou de donner pour exemple ceux que la mort enlevait à l'association.

L'Ecole régionale d'agriculture de Grignon continuait à prospérer sous l'habile direction de François Bella, lorsque, en 1867, le bail de 40 ans passé en 1826 à la Société agronomique prenant fin, l'on dut procéder à la liquidation de son capital d'exploitation.

Cette liquidation, si elle s'était opérée dans les conditions prévues par le fondateur de Grignon, devait être le couronnement de son œuvre, l'affirmation des principes économiques de la culture améliorante, de cette culture qui ne craint pas de confier à la terre de forts capitaux pour en tirer le meilleur parti possible.

Pour que tout arrivât à souhait, il fallait retrouver

en caisse, en quittant le fermage, une somme suffi·
sante pour restituer aux actionnaires de la Société
agronomique, avec leurs légitimes intérêts , les
300,000 francs confiés en 1827 au directeur qui les
représentait, après avoir rempli vis·à·vis de l'E-
tat, propriétaire du domaine, toutes les charges
mises par le bail à la charge de la société fermière.

Ce résultat désiré présentait d'autant plus de dif·
ficultés que la société, ayant en main un domaine
qui avait servi d'école à plus de 1,200 élèves, devait
fournir un exemple à suivre, en conservant à l'ex·
ploitation le haut degré de fécondité auquel il avait
été porté, au lieu d'imiter les agissements des fer·
miers ordinaires, qui, sous prétexte de rendre les
terres louées dans l'état où il les ont reçues, multi·
plient les récoltes de céréales pendant les dernières
années et les remettent ruinées à leurs successeurs.

Cette fin de bail préoccupait vivement François
Bella, car la dernière récolte se présentait dans de
mauvaises conditions. La récolte de sortie de
1867 donna effectivement de maigres résultats et, de
plus, les instruments de culture se vendirent à de
bas prix. La comptabilité avait prévu cette éven·
tualité en créant un capital de réserve suffisamment armé pour que la liquidation n'eût rien à
craindre de ce dernier incident.

L'activité et l'habileté déployées par le dernier
directeur des cultures de la Société agronomique
pour arriver à cet heureux résultat final, en met-
tant à néant les prévisions pessimistes de quelques

publicistes, méritèrent au fondateur de Grignon et à François Bella, continuateur de son œuvre, des éloges que ne leur ont marchandés ni le conseil d'administration de la Société agronomique, ni les organes les plus autorisés de la presse agricole.

L'Etat, dégagé de ses engagements avec la Société fermière, reprit possession du domaine de Grignon, en automne 1867, avec le projet d'améliorer l'enseignement théorique et d'apporter des modifications radicales à l'enseignement pratique.

Les élèves s'émurent de la dernière de ces décisions ; aussi proposèrent-ils de former entre eux une association pour continuer les traditions culturales de l'Ecole, mais on ne se prêta ni à cet arrangement, ni à l'offre de la Société agronomique de continuer son bail. Une nouvelle organisation fut décidée.

Le château et le petit parc de Grignon, d'une superficie de 90 hectares, furent attribués à l'Ecole ; le surplus du domaine fut loué à un fermier qui en prit aussitôt possession.

En même temps que l'on réduisait à 90 hectares la superficie réservée à l'Ecole, d'importantes modifications s'opéraient dans les bâtiments d'étude ; les laboratoires étaient plus nombreux et agrandis ; les musées de toute nature recevaient de nouvelles installations ; un observatoire de météorologie se construisait, et une nouvelle habitation destinée au personnel résidant à l'Ecole permettait d'agrandir les dortoirs et les autres salles de service.

Il était évident qu'en donnant plus d'importance que par le passé aux cours théoriques et en réduisant à de si faibles proportions les opérations pratiques, on avait en vue la transformation de l'Ecole régionale en Ecole supérieure d'agriculture.

François Bella aurait applaudi aux améliorations proposées par l'Etat à la partie scientifique des études, mais il souffrait des atteintes portées aux traditions du fondateur de Grignon en n'attachant qu'une importance tout-à-fait secondaire à la pratique.

Plus que tout autre, le directeur de Grignon savait l'aide puissante que la pratique puise dans la théorie, et personne n'ignore que son entrée à l'Ecole fut le signal d'une augmentation du personnel enseignant et de l'amélioration de son choix.

Il affirmait à ce moment même sa manière de voir, sur cette grave question, en inscrivant sur le pavillon de Grignon, installé à l'exposition universelle du Champ-de-Mars, les préceptes suivants du fondateur de Grignon sur la combinaison nécessaire de la pratique avec la science :

« L'agriculture emprunte aux sciences physiques et sociales ce qu'elles ont de plus élevé.

« La science observe les faits, la théorie les explique ; mais la pratique seule les sait reproduire. »

Le chagrin qu'inspirait à François Bella la réduction à un simple champ d'expérience de la pratique

que l'élève puisait dans l'ancien domaine, pratique qu'il jugeait indispensable pour former d'habiles agriculteurs, lui a inspiré un article comparatif entre ces deux systèmes, publié en 1868 dans le *Bulletin de l'Association des anciens Elèves de Grignon* ; nous croyons devoir le reproduire, car, malgré les modifications apportées dès lors à Grignon, il n'a rien perdu de son actualité.

« ...... Sans doute, la petite ferme, celle dans
« laquelle les élèves s'exerçaient au maniement des
« instruments et aux diverses opérations de la cul-
« ture, a reçu une notable augmentation ; elle
« présente des échantillons de bois, de prés, de ter-
« res arables ; elle est munie d'un potager, d'une
« pépinière et d'une école de botanique agricole et
« forestière ; mais de quel poids ce maigre attirail
« pèse-t-il en trop dans la balance, quand on le
« compare au vaste champ d'études et d'observations
« qu'offrait incessamment aux jeunes gens le ma-
« gnifique domaine [de la Société agronomique ?
« Par leur participation directe à tous les services
« de la ferme, par les nombreux rapports qui leur
« étaient demandés, par leur présence aux délibé-
« rations et aux conférences qui précédaient la
« fixation des travaux, les élèves s'associaient, pour
« ainsi dire, à la direction de l'exploitation ; ils en
« pénétraient le mécanisme dans ses moindres dé-
« tails et en vérifiaient les résultats par le libre
« examen de la comptabilité. Il y avait donc là tous
« les éléments d'un excellent examen pratique dont

« la possession et la jouissance étaient assurées à
« l'école, par les clauses mêmes du bail et par la
« stipulation en vertu de laquelle la direction de
« l'Ecole et celle des cultures de la Société agrono-
« mique devaient se trouver réunies dans une seule
« et même main. Le faisceau est rompu : la ferme
« et l'école vivent en fait et en droit dans un com-
« plet isolement l'une de l'autre, et, à moins que de
« nouveaux arrangements ne viennent rétablir l'an·
« cienne harmonie, il est permis, sans désespérer
« de l'avenir, de regretter le passé. »

La pensée intime de François Bella, exprimée
dans la note que nous venons de citer et l'impossi-
bilité où il se trouvait d'y porter remède, ne tarda
pas de causer au directeur de Grignon un
découragement que ses amis et ses élèves cherchè-
rent inutilement à combattre ; aussi, vers la fin de
cette même année, ne croyant pas pouvoir se charger plus longtemps de diriger un enseignement auquel manquait désormais l'élément dont le fondateur de Grignon avait fait la base de l'école, ce sont
ses propres expressions, il demanda au ministre
l'autorisation de faire valoir ses droits à la retraite.

Cette détermination imprévue, qui privait l'Ecole
de Grignon d'un directeur qui, pendant 18 ans, avait
fait ses preuves, d'un professeur de mérite, d'un
conférencier toujours écouté, d'un écrivain de ta·
lent, d'un administrateur intègre auquel la liquidation de la Société agronomique venait de donner
une nouvelle notoriété, ne fut point considérée

comme définitive par le ministre de l'agriculture, qui désirait son maintien et qui ne comprenait pas qu'un Bella quittât une école intimément liée au nom de son fondateur.

Ces considérations n'avaient point échappé à François Bella : plus que tout autre, il était attaché à Grignon, à sa vieille mère qu'il allait laisser dans l'isolement ; peut-être eût-il cédé aux sollicitations de ses amis et aux entraînements de son cœur, si déjà les atteintes de la maladie qui devait, 12 ans plus tard, l'enlever à l'affection de sa famille, ne lui eût fait un devoir d'abandonner des travaux désor-mais au-dessus de ses forces.

Une année après sa demande, en octobre 1869, François Bella fut admis à faire valoir ses droits à la retraite, en recevant le titre de directeur hono-raire.

Le ministre de l'agriculture n'ayant personne sous la main à la hauteur de la position laissée va-cante par le second directeur de Grignon, ce fut M. Boitel, inspecteur général de l'agriculture, qui en prit l'intérim.

En 1871, Florent Dutertre, élève de Grignon, de la promotion de 1847, fondateur et directeur de la bergerie du Haut-Tingry, en fut nommé titulaire ; tout le monde applaudit à cet excellent choix.

Elève des deux Bella, Dutertre suivit les traces de ses devanciers dans la direction de Grignon. Les soins affectueux dont il environna jusqu'à sa mort la veuve d'Auguste Bella, qui y avait conservé sa résidence, la respectueuse amitié qu'il ne cessa de témoigner à son fils prouvent que l'élève était digne du maître et que l'élévation de son cœur était à la hauteur des rares qualités dont il fit preuve dans la position qu'il occupait.

Le maître et l'élève, le second et le troisième directeur de Grignon se sont suivis de près dans la tombe : le même champ de repos les a réunis en trente-cinq jours ; mais, par une bizarrerie du sort, c'est Dutertre, dans toute la virilité de l'âge, qui a ouvert le triste cortége qui devait laisser de si profonds regrets à deux familles et à tous les amis de l'agriculture.

Si la santé de François Bella, mise à l'épreuve par la double direction dont il avait assumé la responsabilité pendant 19 ans, l'avait forcé, à regret, à quitter Grignon, il lui aurait été difficile de passer d'une vie active à un repos absolu. Aussi crut-il devoir accepter de faire partie du Conseil d'administration de la Cie générale des Omnibus de Paris.

Dans cette honorable position, les connaissances spéciales que François Bella avait puisées à Grignon et à l'Ecole des arts et manufactures le désignèrent, au choix de ses collègues, pour recevoir la direction du matériel roulant et des fermes que la Compagnie exploitait dans l'intérêt du service de sa cavalerie.

Le premier de ces services fixait François Bella à Paris ; le second l'appelait souvent à Clay-Souilly

(Seine-et-Marne), centre administratif des fermes. Il y avait une résidence.

Malgré ces occupations multiples, auxquelles François Bella apportait le soin minutieux qu'il imprima toute sa vie à tout ce qu'il faisait, à tous les services placés sous sa direction, il trouvait encore le temps de se livrer à des études et à des travaux d'économie agricole, pour lesquels il n'a jamais cessé d'avoir une prédilection marquée.

Assistant habituellement aux séances de la Société des agriculteurs de France et de la Société nationale d'agriculture lorsqu'il habitait Grignon, il s'y faisait remarquer par son assiduité depuis qu'il avait fixé sa résidence à Paris.

En parcourant les Bulletins des séances de cette dernière société depuis 1856, époque à laquelle François Bella y remplaça son père, on voit la part importante qu'il prenait à ses travaux ; ses nombreuses communications sur toutes les questions qui, de près ou de loin, tiennent aux intérêts agricoles témoignent d'une grande érudition agricole. Ses rapports, étudiés avec soin, font ressortir avec une grande impartialité le mérite des travaux exécutés, des ouvrages présentés, sans dissimuler les reproches que l'on peut leur adresser ; seulement, il le fait avec tant de bienveillance, qu'ils sont acceptés sans discussion par les personnes qui en sont l'objet.

Nous eussions désiré donner un aperçu des travaux de François Bella à la Société nationale d'a-

griculture; mais, outre que cette étude nous entraî-
nerait beaucoup plus loin que ne le comporte un
article nécrologique, nous serions empêché de le
faire par la multiplicité et la variété de ces communications qui échappent à l'analyse.

Bien que François Bella fût un travailleur infati-
gable, un écrivain de mérite et que son érudition
agricole lui eût fourni les matérianx nécessaires à la
conception et à l'exécution d'un ouvrage d'agriculture ou d'économie agricole, il n'a pas tenté de le
faire.

Peut-être le temps lui a-t-il manqué pour l'entreprendre pendant sa direction de Grignon ! Peut-être
l'eût-il fait plus tard sans l'accident qui, pendant
près de deux ans, le retint sur un lit de douleur en
le privant partiellement de l'usage de ses jambes ;
peut-être, enfin, ce fils si respectueux de la mémoire
de son père n'a-t-il pas voulu faire ce que son père
n'avait pas cru pouvoir utilement entreprendre, en
présence de l'incertitude qui planait alors et qui
plane encore aujourd'hui sur les services que la
science rend à l'agriculture dans ses résultats pratiques.

Parmi les manuscrits laissés inachevés par François Bella, un seul dépasse la limite de la plaquette
ou de la brochure ; il formerait imprimé un volume
de 150 à 200 pages du format grand in-8°.

Cet ouvrage, car c'en est un, a pour titre : *Au-*

guste Bella et l'Institut royal agronomique de Grignon.

Rédigé daus la dernière année de la vie du directeur honoraire de Grignon, ce travail a pour but de mettre en relief les préceptes du fondateur de Grignon et l'heureuse application qui en a été faite pendant le bail de 40 ans de la Société agronomique.

Voici le canevas des sujets qui en forment le cadre :

Après une courte préface consacrée à la vie agricole d'Auguste Bella, l'auteur fait l'historique de la société fermière de Grignon, de son organisation et de son personnel ; il recherche ensuite l'éducation et l'instruction devant servir de base à l'enseignement agricole ; le domaine, la nature de son sol et son aménagement forment la troisième partie de l'ouvrage ; ses recherches se portent ensuite sur la population ouvrière qui lui prête son concours pour arriver à la culture améliorante, dont il pose les bases dans des budgets de prévision bien étudiés et dans une bonne comptabilité. Le bétail et sa proportion nécessaire pour entretenir la fécondité de la terre ont un chapitre à part. La charrue et la nécessité des labours profonds sont traités par François Bella de main de maître ; puis viennent les plantes cultivées.

Il semble exister une lacune pour les résultats culturaux, qui devraient précéder le résumé final donné en entier.

Ce manuscrit, prêt à être livré à l'impression, est écrit en un style clair et précis qui caractérise les derniers travaux de François Bella.

Cet ouvrage a sa place marquée dans le *Bulletin de l'Association des anciens Elèves de Grignon*, pour lequel on croirait qu'il a été écrit. Chacun d'eux trouverait dans cette publication l'application théorique et pratique des préceptes qu'Auguste Bella a donnés à l'enseignement et à la culture de Grignon.

Le travail dont nous venons d'indiquer le titre des chapitres est sans contredit la plus importante production agricole due à la plume de François Bella; il l'eût certainement publié en son temps sans les épreuves réservées aux dernières années de sa vie. Il nous reste à les faire connaitre.

Le directeur honoraire de Grignon semblait n'avoir rien à désirer à l'âge où la vieillesse commence ordinairement à faire sentir ses atteintes.

Marié en 1842 à Mademoiselle Félicie Henriet, de Sarrebourg, il avait trouvé dans cette union, avec les joies de la famille, un encouragement à ses travaux; ses trois charmantes enfants, élevées sous ses yeux, s'étaient mariées dans les conditions qui assurent le bonheur.

Tout semblait donc marcher au gré des désirs de François Bella, lorsqu'une chute, que l'on crut sans gravité, vint jeter la douleur et la tristesse dans cet intérieur si digne d'envie.

La longue et douloureuse maladie, suite de cet

accident, fournit l'occasion à tous ceux qui avaient approché du second directeur de Grignon de lui prodiguer des témoignages d'intérêt et de reconnaissance. La maladie semblait avoir cédé devant les soins réunis de sa femme, de ses enfants et de ses nombreux amis. François Bella avait repris ses occupations, et déjà on ne doutait plus de sa complète guérison, lorsque, le 4 juillet passé, il expira sans agonie dans son habitation de Clay-Souilly, où il s'était rendu pour le service de sa direction.

Pendant la longue période maladive qui signala la dernière partie de sa vie, François Bella n'avait rien perdu de la sérénité de son esprit et de la bonté naturelle de son cœur. Aussi sa mort a été un véritable deuil de famille, dont il a reçu un éclatant témoignage tant à Clay-Souilly qu'à Grignon-Thivernal, où reposent en ce moment le fondateur et les trois premiers directeurs de Grignon.

La Motte-Servolex, le 4 septembre 1882.

PIERRE TOCHON.

36